JN044116

森の物語で紡ぐ 刺しゅうのアクセサリーと小物

コハナ

KADOKAWA

物語のはじめに

ここは、誰も訪れたことのない森、
イトノモリ。

春には花々が甘く、よい香りで咲き
夏には澄んだ泉で魚が飛び跳ね
秋には動物たちが木の実のごちそうにあずかり
冬には虹色のオーロラが空をおおう

そんな森。
森の奥には、植物たちの息吹で
美しい刺しゅう糸を紡ぐ
魔女が住んでいるという噂があるそうです。

森の守り主の白い鳥と一緒に
ちょっと覗いてみませんか？
四季折々の森の植物と動物たち。

作ると、物語を身に着けるような
特別な気分が味わえます。

森の物語で紡ぐ刺しゅうの
アクセサリーと小物

Contents

Spring
春

Summer
夏

この本の使い方
目次のページ数は、作品｜作り方、図案、型紙が掲載されているページです。
作品ページでは How to make として図案と作り方、型紙ページを示しています。
図案ページの Photo は作品ページです。
＊道具や材料に関するデータはすべて、2021年8月現在のものです。糸などの市販の商品は場合によって、今後、流通がなくなることがあります。
＊撮影の状況や印刷によって、刺しゅうの色が実物と多少異なる場合があります。
＊本書に掲載されている刺しゅうの図案は個人で楽しむ目的のみにご使用ください。無断で刺しゅう図案や刺し方を公開したり、商用利用をしたりすることはお控えください。

Autumn

秋

Winter

冬

Staff
デザイン／塙 美奈［ME&MIRACO］
撮影／落合里美
スタイリング／伊東朋恵
トレース、イラスト／WADE
取材・文／瀧下昌代
校正／鷗来堂
制作協力／一ノ瀬美果［369-cat］
編集・文／鈴木清子

Spring

春

花畑ととぐま

How to make > p54

白い花を摘んでいるこぐま。花
畑には、タンポポ色の蝶もひら
ひらと遊びにきています。

木々がういういしい緑でおおわれる頃、
森の中の花畑はいちばんの季節を迎えます。

タンポポやポピー、スミレ。
鳥が種を運んできた花々が咲きあふれ
花の時期を待ち構えていた蝶や
こぐまが、いそいそと遊びにきます。

2

春の森と白い鳥
How to make > p56

木々がやわらかな緑の装いにな
る春。森を見守る白い鳥も花を
ついばみに訪れました。

Spring 7

スミレ

モンキチョウ

レースフラワー

3

リング
How to make > p48,57

森から1輪摘んだつもりで身
に着けたい花のリングとモンキ
チョウのリング。

4

ブローチ

How to make > p44,58

木々にも花畑にも、こぐまの手
にも花。胸につけると春がやっ
てきます。

春のこぐま

森の春

花咲く木

リボンの木

春の花束

5

花と蝶のつけ襟
[サンプラーから]
How to make > p61,85,86

右ページの刺しゅうの可憐な小
花と蝶で、愛らしいつけ襟に。
後ろにも蝶を刺しました。

Front

Back

可憐な小花

スズラン

6

サンプラー

How to make > p60

L字形は角のあるものに。スト
レートの連続模様は四角い縁取
りにしても素敵です。

チューリップ

デージーと蝶

スミレ

春の花畑
How to make > p61,62

水色や紫の花は、この森にだけ
咲く名もなき花。パステルカラー
のやさしい糸を選んで。

タンポポ

チューリップ

ポピー

この森だけの水色の花

紫の名もなき花

ミモザ

タンポポのハンカチ

［春の花畑から］

How to make > p62

赤いギンガムチェックのハンカ
チに、タンポポひとつ。布の模
様と遊ぶ提案です。

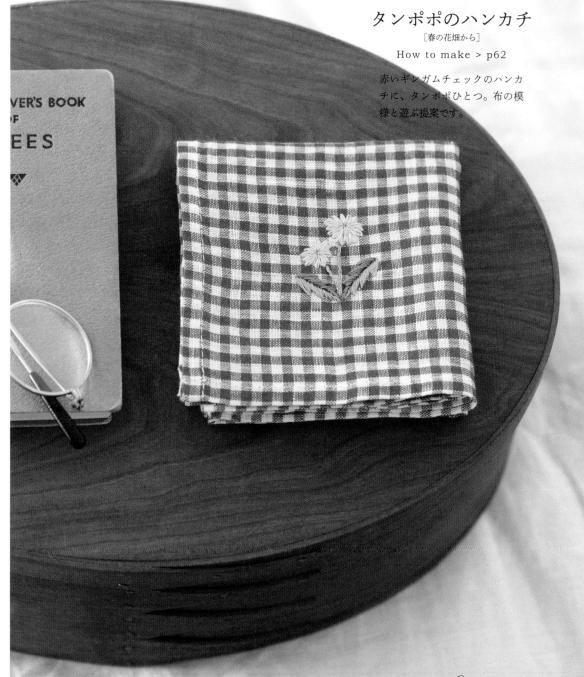

Summer
夏

9

夏毛のうさぎとアゲハ蝶

How to make > p63,64

アゲハ蝶と遊ぶ野うさぎ。冬に
は雪色だったうさぎは、薄茶色
の夏毛に生え変わりました。

森は見渡す限りの緑でおおわれ
風がさーっと草むらをかけていきます。

背の高くなった草の間から顔を出すのは
夏毛をまとううさぎ。
この森だけに棲む花模様の羽をもつアゲハ蝶も、
花の蜜を求めて飛んでいる夏の森です。

10

夏の森と白い鳥

How to make > p65

雲ひとつない青空を、白い鳥が
ゆうゆうと渡っていきます。木々
の緑はいっそう深く。

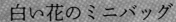

白い花のミニバッグ
How to make > p66,87

夏のお散歩にぴったりの空色
バッグ。白い花模様は黒い糸で
縁取り、浮き立たせます。

花アゲハ

夏かけるうさぎ

12

ブローチ

How to make > p44,67

白いTシャツにつけたら素敵。
花模様のアゲハ蝶には、にしき
いとでかすかに輝く工夫を。

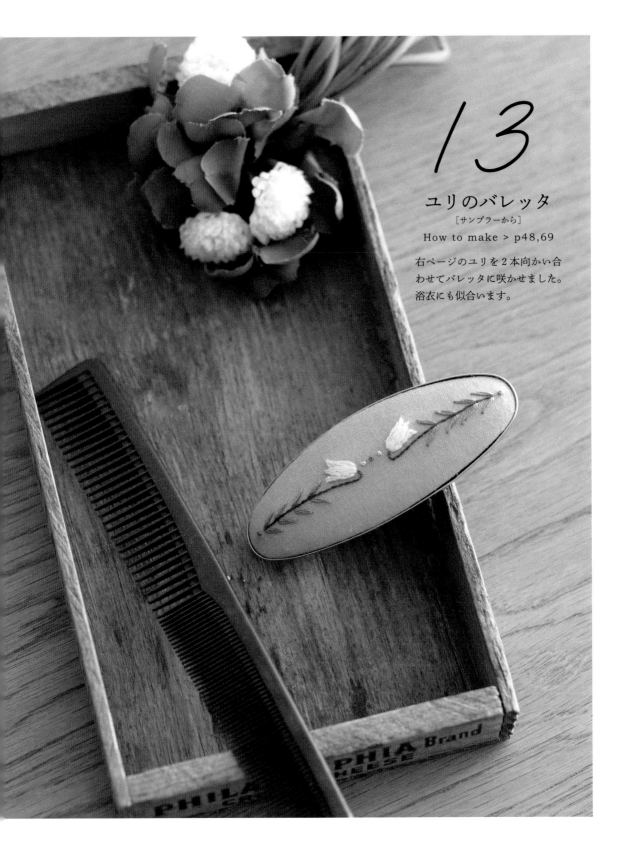

13

ユリのバレッタ
［サンプラーから］

How to make > p48,69

右ページのユリを2本向かい合
わせてバレッタに咲かせました。
浴衣にも似合います。

雨のしずく

ユリ

泉の魚

14

サンプラー

How to make > p68

弧を描くラウンド形の刺しゅう
は、冷たいドリンクの下に置く
コースターにも素敵です。

軽やかな蔓の花

風に舞う葉

15

森の夏景色
How to make > p69,70

涼しげな夏の花々と森の水辺の
魚。蛍が入って、花がランプの
ように灯るホタルブクロも。

ラベンダー

青い花

ドクダミ

ホタルブクロ

泉の魚

ツキミソウ

16

青い花のハンカチ

[森の夏景色から]

How to make > p70

ネイビーブルーのチェック柄の
ハンカチに、左ページの青い花
を縫い取りました。

Autumn

秋

17

りすと秋の実り

How to make > p71,72

木に駆け上がったりすがブドウ
を食べています。豊かな季節を
迎えた秋の景色。

秋は、この森に棲む動物たちの収穫祭。
ドングリやキノコ、リンゴ。

やわらかな日差しの中、ごちそうを
おなかいっぱい食べて、冬へと備えます。
夕日色に染まった落葉樹に、ノバラの赤い実。
ここに暮らす生き物すべてが充足感で満たされます。

18

秋の森と白い鳥

How to make > p72

春、夏の森と見くらべてみて。
紅葉した木のほかに、赤い実が
なっている木もあります。

19

イヤリング
How to make > p48,73

身に着けると、ビーズが揺れます。カジュアルな色合わせが楽しいイヤリング。

キノコ

りす

小鹿

20

ブローチ

How to make > p44,74

小鹿はコスモスと、りすは赤い
実と。秋らしい植物を組み合わ
せています。

21

コスモスのブレスレット

［サンプラーから］

How to make > p48,74

サテンリボンに右ページのコス
モスを。チェーンの端に、ビー
ズをふた粒つけました。

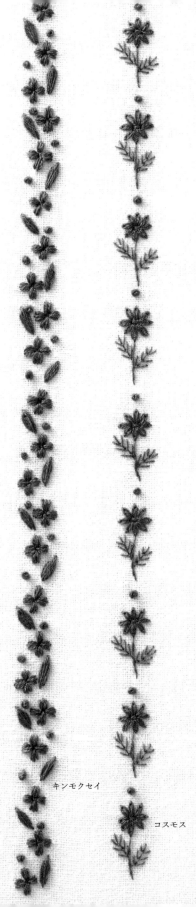

キノコ

葉と実

22

サンプラー

How to make > p75

こっくりとした紅葉カラーで刺
してみましょう。1色でも照り
映える秋のモチーフたち。

キンモクセイ

ドングリ

コスモス

23

秋の野原

How to make > p76

一枚の布にすべて刺して、フレームに入れると、植物画のようにして飾れます。

ノバラの実

シュウメイギク

リンゴ

オミナエシ

落ち葉

青いキノコ

24

リンゴのハンカチ
[秋の野原から]

How to make > p77

赤い実が映える濃色のハンカチ
に。左ページのリンゴとは糸の
色を変えています。

Winter

冬

25

オーロラときつね

How to make > p78

夜空に見立てたブルーグレーの
布に刺して、オーロラの繊細な
色を楽しみましょう。

じつは、冬ほど、この森が美しい季節はありません。
動物たちの多くが静かな寝息をたてるなか
夜空には、虹よりももっともっと多くのいろどりをもつ
大きなオーロラが絶えずゆらめくのです。

しんしんと雪が降り積もり、積もった雪は
春にはこの森の動植物を豊かに育みます。

26

冬の森と白い鳥

How to make > p79

凍てつく寒さのなか、モミの木
だけはいきいきとした葉を蓄え
ています。

27

マフラー
How to make > p80

花びらと葉にフエルトを使い、
ウールのマフラーに浮き立たせ
てみましょう。

ブローチ

How to make > p44, 80

きつねの背中にあしらったのは
実つきのイチイの木。モミの木
も雪をかぶっています。

見つめるきつね　　雪積もる木　　巣の鳥

29

手かがみ
［サンプラーから］

How to make > p48,79

右ページの雪の結晶をふたつ向
かい合わせて、小さな手かがみ
に仕立てました。

34

ヒイラギ

30

サンプラー

How to make > p81

クリスマスのプレゼントに刺し
てみて。深いブルーの糸なら大
人っぽく決まります。

雪の結晶

プレゼント
ボックス

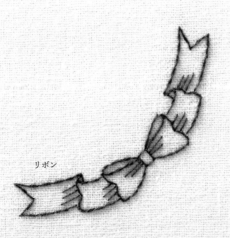

リボン

鳥の羽根

31

森のクリスマス
How to make > p82,83

森でいちばん大きなモミの木は、
動物たちの手でリンゴが飾られ、
聖なる夜を迎えます。

星

ヤドリギ

ツリー

オーナメント

ロウソク

ポインセチア

32

星のハンカチ
[森のクリスマスから]
How to make > p83

星がより輝くように、ハンカチ
は夜空色。チェックで遊び心を
加えましょう。

物語のおわりに

森の守り主の白い鳥がくわえているのは
赤い刺しゅう糸。

魔女が紡いだ糸をうっかり落として
しまわぬようにと気遣いながら、
森の外にある、私たちの世界へと羽ばたいています。

お手元の刺しゅう糸を眺めて、
この森のことを想像してみましょう。

春から夏、そして秋から冬へと、
ゆっくりと時を進めながら移り変わる森の四季。

その糸の１色ずつに、
この森の記憶が残されているかもしれません。

刺しゅうをはじめる前に

ここからは、揃えておきたい道具や材料、知っておきたい下準備などを紹介します。
刺しゅうをはじめる前に、目を通しておいて。

こんな道具・材料を使います

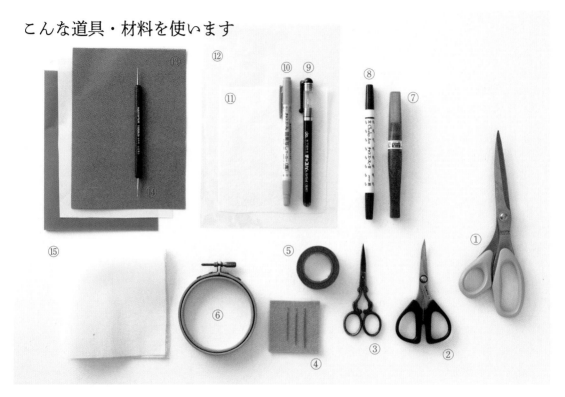

① 裁ちばさみ　布をカットするときに。
② 刃先が細く、カーブしたはさみ　ブローチなどの
刺しゅうを切り出す際に。
③ 糸切りばさみ　刺しゅう糸を切るときに。
④ 刺しゅう針　糸の使用本数に合わせて選びます。
⑤ マスキングテープ　図案を写す際の固定用。
⑥ 刺しゅう枠　ブローチには、直径8cmの枠を使用。
⑦ 筆ペンタイプのほつれ止め　布の切り端から糸が
ほつれるのを防止。
⑧ 印付けペン　ガイドラインなど、刺しゅうの目印
を付けたいときに。遅く消えるタイプで。
⑨ 極細水性チャコペン　図案の特に細かい部分を写
すときに。茶色は水で消えるタイプ。
⑩ 図案写しマーカー　ソフトトレーシングペーパー
で転写するときに。水色は水で消えるタイプ。
⑪ ソフトトレーシングペーパー　図案写し用の複写

紙なしで図案を写せます。
⑫ セロファン　図案を繰り返して、転写する際に。
⑬ 刺しゅう用コピーペーパー　布に転写したときに
目立つ色のペーパーを選びます。
⑭ トレーサー　チャコペーパーで図案を写すとき
に。インク切れのボールペンでも代用可。
⑮ 接着芯　布裏に貼ります。

刺しゅうの切り取りには
刃先が細く、カーブしたはさみ

ブローチやリングは刺しゅう部分を切り取って作ります。
その際に役立つのが、刃先が細く、カーブしたはさみで
す（上の写真内②）。布と刃の接点が小さく、ラインに沿っ
て切りやすい形です。糸を切らないように、初心者は刺
しゅうの端から数mm余裕をもたせて切って。

糸と布について

① 刺しゅう糸　指定以外は COSMO25番を使用。
② サテンリボン　ブレスレット (p26) を作るときに。
③ フエルト　マフラー (p32) の刺しゅうに使用。
④ 布　本書では、自然な風合いがあるハーフリネンの生地を使っています。目が均一に詰まっていて、裏が透けない厚さのものを。
※ほかに、ブローチ用にフェイクスエード。

Advice

刺しゅうブローチは布地に
接着芯を貼ります

布に刺しゅうして裏布を貼るだけでは、仕上がりはやわらかく、心もとないもの。布地に接着芯を。刺しゅうによる布のシワが防げ、完成品が丈夫になり、長く楽しめます。ブローチやリングには薄手の伸縮しない織物タイプ。硬すぎると針が通らないので、よく確かめて選んで。

◎布の下準備をしましょう

使う前に
必ず水通しを
水通しは、作品があとで縮まないようにするため。最低でも1時間ほど水に浸す。

半乾きのうちに
アイロンをかけて
まだ乾ききらないうちに、布目を整えてからアイロンを。

接着芯は
アイロンで貼ります
布地に接着芯を貼るときは、注意書きを確かめて、アイロンをかけて貼る。

図案の写し方

図案をコピーできないときは、トレーシングペーパーに転写して使います。

［ チャコペーパーを使う場合 ］

布に図案を重ね、マスキングテープ
で縦横の2か所を固定。間にチャコ
ペーパーをはさむ。図案はコピー機
で複写。

図案の線をトレーサーでなぞり、転
写する。図案を繰り返し使うときは、
セロファンを図案の上に。

布に写し取った図案。

［ ソフトトレーシングペーパーを使う方法 ］

図案、ソフトトレーシングペーパー
の順に重ね、マスキングテープで固
定。図案を汚したくないときは、間
にセロファンを。

図案写しマーカー（青）でなぞり、
図案を写し取る。

さらに、布、図案を写したソフトト
レーシングペーパーの順に重ね、同
じマーカーでなぞると布に転写でき
る。

枠に布を張る

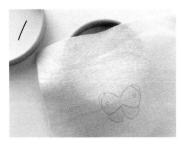

内枠をはずし、上に布を広げる。

外枠をセット。布は上下、左右にピ
ンと張り、縦横の布目がゆがまない
ように注意。金具は上の位置にある
と、刺すときに糸が絡みにくい。

糸の扱い方

1

2

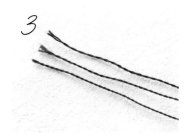

3

まず、ラベル部分を持ち、糸の端を丁寧に引き出す。この段階では6本の糸がより合わさった状態。使いやすい約50cmにカットする。

より合わされた6本糸から1本ずつ引き抜いて使う。糸をU字に曲げると、絡まずに引き抜ける。

1本ずつよりを取ってから、使用本数の糸端を揃えておく。何本どりでも、1本ずつほぐしてから使うことで、きれいなステッチになる。

刺しゅうの刺しはじめ

1

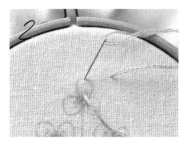

2

図案から離れた場所へ針を出す。刺しおえたときの糸の始末用に、糸端は7、8cmほど残しておく。

/の糸を巻き込まないように、注意しながら刺しはじめる。

刺しおわり

1

2

刺しおえたら、裏側へ糸を出し、裏糸を割り刺すように針を通す。布を刺さないように注意。

引き抜いた糸は根元でカットする。

刺しおえたら

アイロンがけするときは、畳んだタオルに刺しゅうを伏せて置く。霧吹きをしてから、当て布をかぶせてかけると、刺しゅうがふっくらとする。

ブローチに仕立てましょう

小さな刺しゅうが、洋服やバッグ、帽子などにつけて
楽しめるブローチになります！

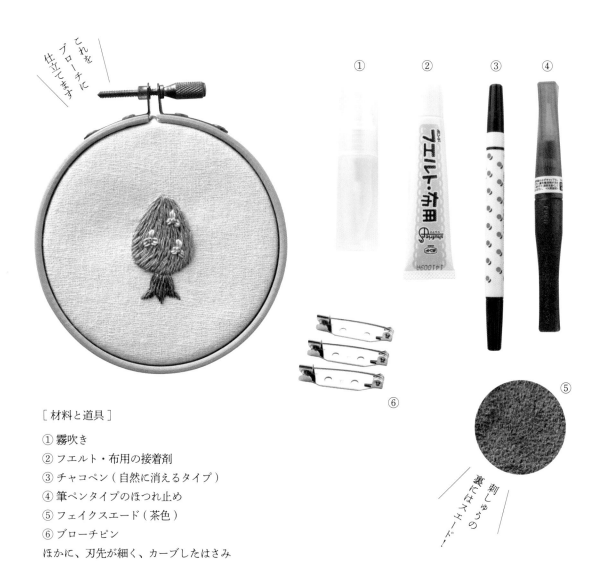

これを
ブローチに
仕立てます

刺しゅうの
裏てはスエード！

[材料と道具]

① 霧吹き

② フエルト・布用の接着剤

③ チャコペン（自然に消えるタイプ）

④ 筆ペンタイプのほつれ止め

⑤ フェイクスエード（茶色）

⑥ ブローチピン

ほかに、刃先が細く、カーブしたはさみ

次のページに続きます →

1 霧吹きで水をかけ、チャコペンの線を消す。

2 水が乾いたら、刺しゅう枠から布をはずし、刺しゅうの裏側に接着剤を塗り、しっかり乾かす（塗り方はp47参照）。

3 接着剤が乾いたら、一度周囲に余裕をもってカット。さらに刺しゅうだけを刃先のカーブしたはさみで切り出す。

4 刺しゅう部分のカットが完了。

45

5 裏返した刺しゅうをスエードにのせ、チャコペン（自然に消えるタイプ）で形をなぞる。

6 チャコペンの線に沿ってスエードをカットする。

7 糸と針で、スエードにブローチピンを縫い付ける。

8 刺しゅうの裏側に接着剤を塗り、スエードの裏側を貼り付ける。

Advice

**接着剤はたっぷりと。
丈夫に作る大切なポイントです**

作り方の *2* で、刺しゅうの裏側に塗る接着剤の分量は、厚さ 1、2mmくらい。布にもはみ出すくらいたっぷりと塗りましょう。接着剤が固まると、刺しゅうの強度が高まるのはもちろん、布も固まるので、刺しゅうを切り出しやすくなります。贅沢に塗って。

9 はみ出しているスエードを先のカーブした はさみでカットする。

完成しました！

10 布がほつれないように、端にほつれ 止めを塗ると、完成。

面を埋めてから、
花を刺したので
ふんわり、立体的！

ほかのアクセサリーや小物に使うパーツ

リング

刺しゅう > p08
How to make > p57

刺しゅうとは別の裏布に台座を固定して使用。
リング台 模様線 丸皿付 5mm 11 号（ゴールド）

バレッタ

刺しゅう > p18
How to make > p69

刺しゅうした布をぐし縫いする。その布で銅板（写真
上）を包み、台座に接着。
刺しゅう アクセサリー金具 バレッタ 大 3.2 × 9.4cm
銅板付

イヤリング

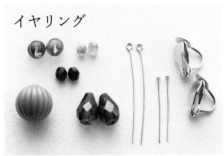

刺しゅう > p24
How to make > p73

揺れるビーズは T ピンと 9 ピンを組み合わせ、刺しゅうに下げる。
チェコビーズ FP 4mm シャム
チェコビーズ メロン 6mm フューシャオレンジ
チェコビーズ シズクカット 10 × 7mm アメジストラスター
チェコビーズ FP 4mm ホワイトオパールセルシアン
ドイツ製アクリル 丸すじ 12mm グレー
イヤリング 三角バネ式 丸皿 6mm（ゴールド）
T ピン 0.5 × 20mm（ゴールド）、9 ピン 0.5 × 30mm（ゴールド）

ブレスレット

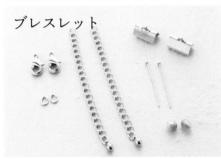

刺しゅう > p26
How to make > p74

ヒモ留めで刺しゅうの左右をはさみ、アジャスターをセット。
カニカン・アジャスターセット No.2（左 3 種）
ヒモ留め No.2 10mm（ゴールド）
チェコビーズ FP 4mm ホワイトオパールセルシアン
T ピン 0.5 × 20mm（ゴールド）

手かがみ

刺しゅう > p34
How to make > p79

ぐし縫いした刺しゅうを銅板（写真左上）に被せ、本体
と合体。銅板付 プチ楕円手鏡 木製 ブラウン

実物大図案と作り方

図案と作り方では糸と配置を示していますが、刺したいものに合わせて、
糸や組み合わせを自由にアレンジして楽しんでください。
はじめて刺しゅうする人は図案を刺しやすい大きさに拡大を。

図案の表記について

本書では、糸は指定以外はCOSMO25番を使用しています。

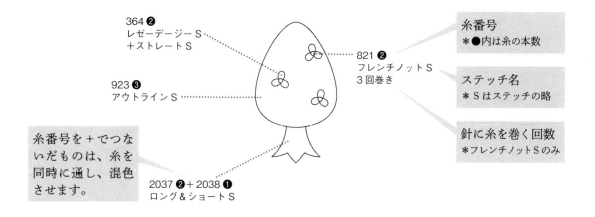

364 ❷
レゼーデージー S
＋ストレート S

923 ❸
アウトライン S

821 ❷
フレンチノット S
3回巻き

2037 ❷＋2038 ❶
ロング＆ショート S

糸番号
＊●内は糸の本数

ステッチ名
＊S はステッチの略

針に糸を巻く回数
＊フレンチノット S のみ

糸番号を＋でつないだものは、糸を同時に通し、混色させます。

ステッチの種類と刺し方

ランニングステッチ

針目の長さを揃えると、きれいに仕上がる。並縫いともいう

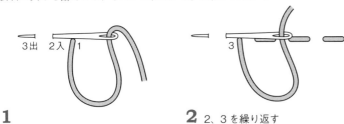

1　　　　　　**2** 2、3を繰り返す

アウトラインステッチ

曲線、直線を描くこと、面を埋めることもできる

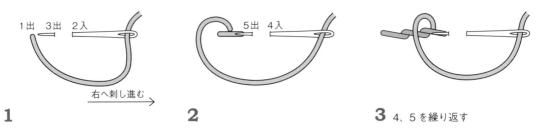

右へ刺し進む→

1　　　**2**　　　**3** 4、5を繰り返す

バックステッチ

ミシンの縫い目のように、針目の間隔を均等に刺し、左へ進む。返し縫いともいう

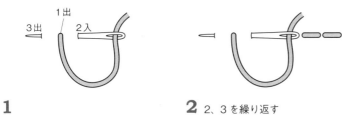

1　　　　　　**2** 2、3を繰り返す

レゼーデージーステッチ

丸い形は、花びらや小さな葉の表現に重宝

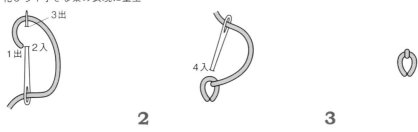

1　　　　　　**2**　　　　　　**3**

チェーンステッチ

鎖のように輪がつながるステッチ。面を埋めることもできる

1

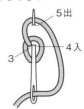

2

3

ストレートステッチ

ひと針でまっすぐな線を描くステッチ

フェザーステッチ

ループに糸をかけ、左右交互に刺すステッチ

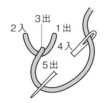

1 左側にループを作り、糸をかけたあと、右側に針を刺す

2 1から5を繰り返す

ロング＆ショートステッチ

長・短のステッチを繰り返し、面を埋めるステッチ

1 中央から半分ずつ刺し進む

2 長短を交互に繰り返す

3 中央から残りの右半分も埋める

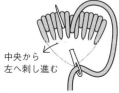

4 2段目も中央から刺す。2段目からは、一定の針目の長さでステッチ

5 4を繰り返し、上段の針目の隙間に刺し、全体を埋める

サテンステッチ

平行に糸が並ぶように刺すと、なめらかな面に仕上がる

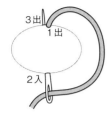 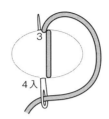 

1 図案の中央から刺すと形がとり
やすい

2

3 3、4を繰り返す。端まで刺した
ら裏糸の中を通し、中央から残
りを刺す

フレンチノットステッチ

結び目を作るステッチ。糸の本数、巻く回数、糸の引き具合で大きさが変わる

 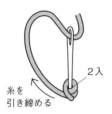

1

2 垂直に針を立て、糸を引き締め
てから針を裏側へ引き抜く

3

フライステッチ

Y字形に刺すステッチ

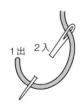

1

2

3

スプリットステッチ

線を描くこと、面を埋めることもできる

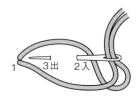

1 2本取りの場合

2 糸を分け、2に針を刺し、3から針を出す。糸を引いて締める。奇数本取りの場合は糸の中央を刺し通す

3 2、3を繰り返し、右へ進む

レゼーデージーステッチ＋ストレートステッチ

ステッチを重ね、立体感を出す。葉や花弁に向いている

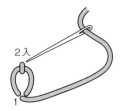

1 レゼーデージーステッチを刺す

2 1の上にストレートステッチを刺す

3 ストレートステッチは、1本から複数本刺すことができる

スミルナステッチ

ループの長さを揃えると、きれいに仕上がる

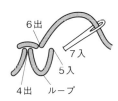

1

2 ループを作る

3

花畑とこぐま

Photo > p6

指定以外はロング＆ショートS
糸番号を＋でつないだものは、
糸を同時に通し、混色させます。

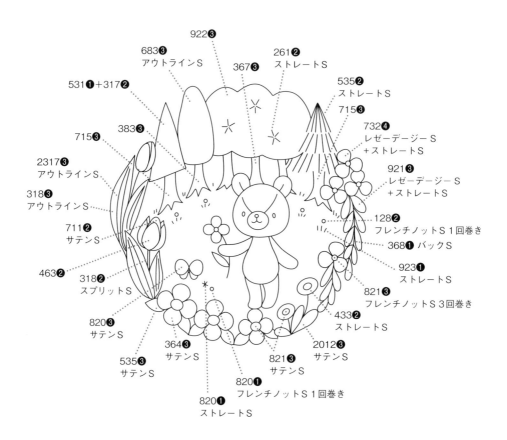

922❸

683❸
アウトラインS

367❸

261❷
ストレートS

531❶＋317❷

535❷
ストレートS

715❸

383❸

7152❸

732❹
レゼーデージーS
＋ストレートS

2317❸
アウトラインS

921❸
レゼーデージーS
＋ストレートS

318❸
アウトラインS

128❷
フレンチノットS 1回巻き

711❷
サテンS

368❶ バックS

923❶
ストレートS

463❷

318❷
スプリットS

821❷
フレンチノットS 3回巻き

820❸
サテンS

433❷
ストレートS

364❸
サテンS

535❸
サテンS

2012❸
サテンS

821❸
サテンS

820❶
フレンチノットS 1回巻き

820❶
ストレートS

花畑とこぐま（こぐまのステッチ）

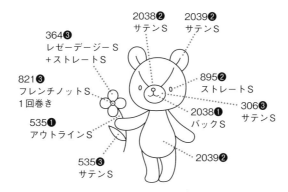

364❸
レゼーデージーS
＋ストレートS

2038❷
サテンS

2039❷
サテンS

821❸
フレンチノットS
1回巻き

895❷
ストレートS

306❸
サテンS

535❶
アウトラインS

2038❶
バックS

535❸
サテンS

2039❷

春の森と白い鳥
Photo > p7

指定以外はロング＆ショートS

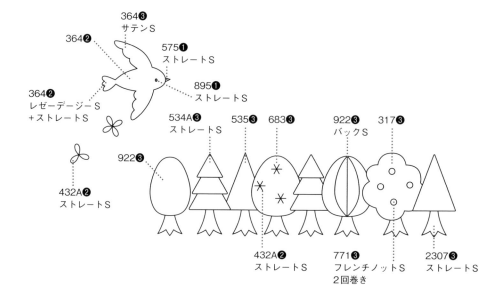

364❸
サテンS

364❷

575❶
ストレートS

895❶
ストレートS

364❷
レゼーデージーS
＋ストレートS

534A❸
ストレートS

535❸

683❸

922❸
バックS

317❸

922❸

432A❷
ストレートS

432A❷
ストレートS

771❸
フレンチノット
2回巻き

2307❸
ストレートS

3

リング

Photo > p8

指定以外はロング＆ショートS
　その他の材料 > p48 参照

作り方
1　刺しゅうは、p45 の手順でカット。
2　同じ形にカットした裏布は、
　　中央に切れ込みを入れる。
3　リング台の丸皿を差し込み、切れ込みを
　　サテンステッチの要領で縫いくるむ。
4　刺しゅうと裏布を張り合わせ、周りをカット。

スミレ

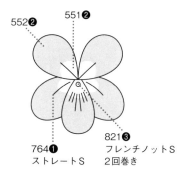

552❷

551❷

764❶
ストレートS

821❸
フレンチノットS
2回巻き

モンキチョウ

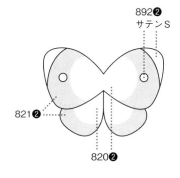

892❷
サテンS

821❷

820❷

レースフラワー

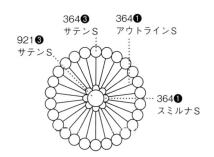

921❸
サテンS

364❸
サテンS

364❶
アウトラインS

364❶
スミルナS

4

ブローチ

Photo > p9

その他の材料・作り方 > p44 参照
糸番号を＋でつないだものは、
糸を同時に通し、混色させます。

森の春

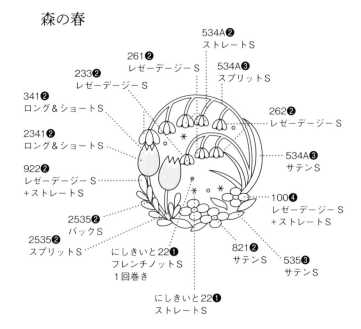

534A❷
ストレートS

261❷
レゼーデージー S

233❷
レゼーデージー S

534A❸
スプリットS

341❷
ロング＆ショートS

262❷
レゼーデージー S

2341❷
ロング＆ショートS

534A❸
サテンS

922❷
レゼーデージー S
＋ストレートS

100❹
レゼーデージー S
＋ストレートS

2535❷
バックS

2535❷
スプリットS

にしきいと22❶
フレンチノットS
1回巻き

821❷
サテンS

535❸
サテンS

にしきいと22❶
ストレートS

春の花束

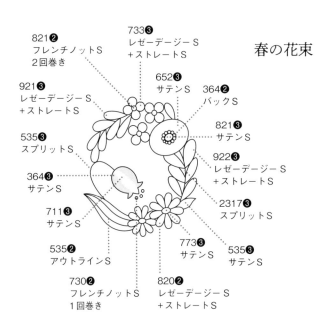

821❷
フレンチノットS
2回巻き

733❸
レゼーデージー S
＋ストレートS

921❸
レゼーデージー S
＋ストレートS

652❸
サテンS

364❷
バックS

535❸
スプリットS

821❸
サテンS

364❸
サテンS

922❸
レゼーデージー S
＋ストレートS

711❸
サテンS

2317❸
スプリットS

535❷
アウトラインS

773❸
サテンS

535❸
サテンS

730❷
フレンチノットS
1回巻き

820❷
レゼーデージー S
＋ストレートS

春のこぐま

指定以外は
ロング＆ショートS

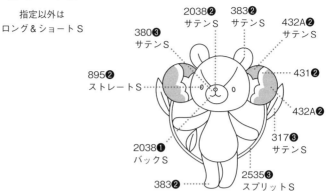

2038❷
サテンS

383❷
サテンS

432A❷
サテンS

380❸
サテンS

895❷
ストレートS

431❷

432A❷

317❸
サテンS

2038❶
バックS

2535❸
スプリットS

383❷

花咲く木

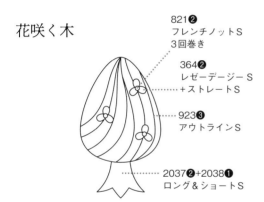

821❷
フレンチノットS
3回巻き

364❷
レゼーデージーS
＋ストレートS

923❸
アウトラインS

2037❷+2038❶
ロング＆ショートS

リボンの木

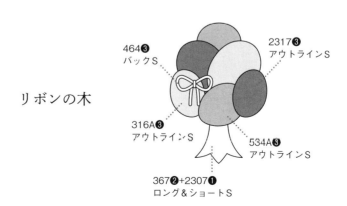

464❸
バックS

2317❸
アウトラインS

316A❸
アウトラインS

534A❸
アウトラインS

367❷+2307❶
ロング＆ショートS

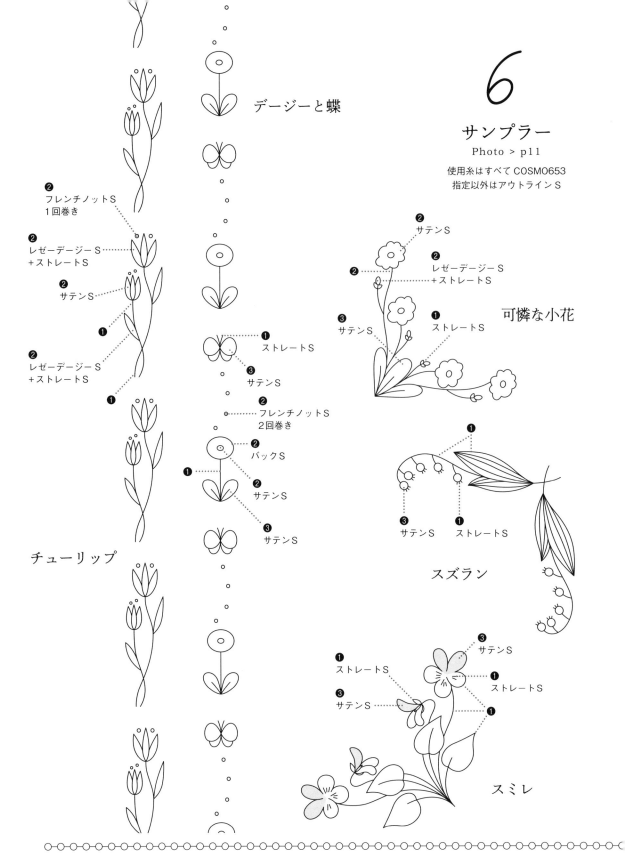

デージーと蝶

6

サンプラー

Photo > p11

使用糸はすべて COSMO653
指定以外はアウトライン S

② サテン S

② レゼーデージー S ＋ストレート S

③ サテン S

① ストレート S

可憐な小花

② フレンチノット S 1回巻き

② レゼーデージー S ＋ストレート S

② サテン S

①

② レゼーデージー S ＋ストレート S

①

① ストレート S

③ サテン S

② フレンチノット S 2回巻き

② バック S

② サテン S

①

③ サテン S

③ サテン S　　① ストレート S

スズラン

チューリップ

① ストレート S

③ サテン S

③ サテン S　　① ストレート S

① ストレート S

③ サテン S

スミレ

5

花と蝶のつけ襟

Photo > p10

その他の材料・作り方 > p85、86

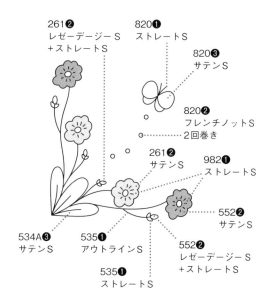

261 ❷
レゼーデージー S
＋ストレート S

820 ❶
ストレート S

820 ❸
サテン S

820 ❷
フレンチノット S
2回巻き

261 ❷
サテン S

982 ❶
ストレート S

552 ❷
サテン S

534A ❸
サテン S

535 ❶
アウトライン S

552 ❷
レゼーデージー S
＋ストレート S

535 ❶
ストレート S

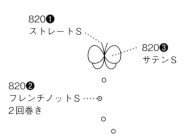

820 ❶
ストレート S

820 ❸
サテン S

820 ❷
フレンチノット S
2回巻き

7

春の花畑

Photo > p12

指定以外は
ロング＆ショート S

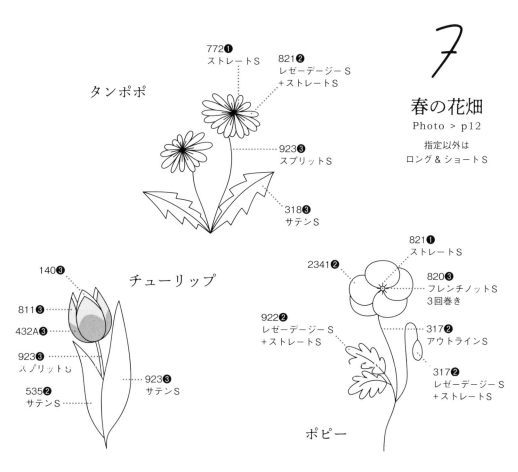

タンポポ

772 ❶
ストレート S

821 ❷
レゼーデージー S
＋ストレート S

923 ❸
スプリット S

318 ❸
サテン S

チューリップ

140 ❸

811 ❸

432A ❸

923 ❸
スプリット S

535 ❷
サテン S

923 ❸
サテン S

821 ❶
ストレート S

2341 ❷

820 ❸
フレンチノット S
3回巻き

922 ❷
レゼーデージー S
＋ストレート S

317 ❷
アウトライン S

317 ❷
レゼーデージー S
＋ストレート S

ポピー

ミモザ

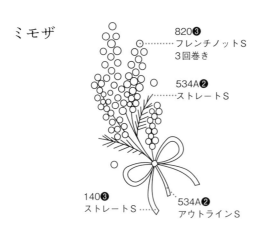

820❸
→ フレンチノットS
3回巻き

534A❷
‥‥ ストレートS

140❸
ストレートS ‥‥

534A❷
アウトラインS

この森だけの
水色の花

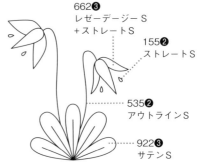

662❸
レゼーデージーS
＋ストレートS

155❷
ストレートS

535❷
アウトラインS

922❸
サテンS

紫の名もなき花

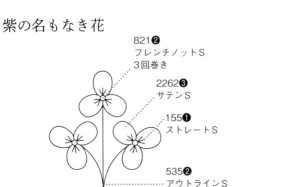

821❷
フレンチノットS
3回巻き

2262❸
サテンS

155❶
ストレートS

535❷
アウトラインS

535❸
サテンS

8

タンポポのハンカチ
Photo > p13
その他の材料　ハンカチ

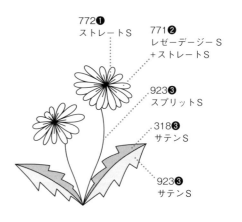

772❶
ストレートS

771❷
レゼーデージーS
＋ストレートS

923❸
スプリットS

318❸
サテンS

923❸
サテンS

夏毛のうさぎとアゲハ蝶

Photo > p14

指定以外はロング＆ショートS
糸番号を＋でつないだものは、
糸を同時に通し、混色させます。

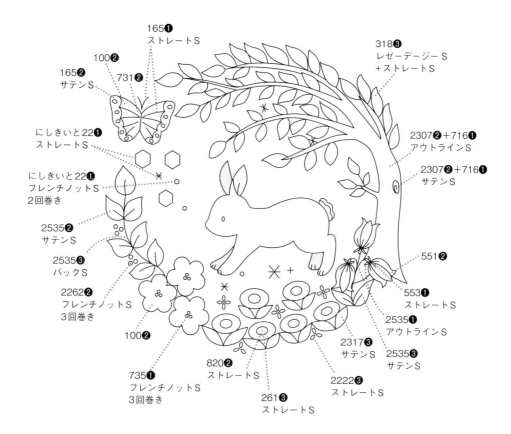

165❶
ストレートS

100❷

165❷
サテンS

731❷

318❸
レゼーデージーS
＋ストレートS

にしきいと22❶
ストレートS

2307❷＋716❶
アウトラインS

2307❷＋716❶
サテンS

にしきいと22❶
フレンチノットS
2回巻き

2535❷
サテンS

2535❸
バックS

2262❷
フレンチノットS
3回巻き

100❷

551❷

553❶
ストレートS

2535❶
アウトラインS

2317❸
サテンS

2535❸
サテンS

2222❸
ストレートS

735❶
フレンチノットS
3回巻き

820❷
ストレートS

261❸
ストレートS

夏毛のうさぎとアゲハ蝶
（うさぎのステッチ）

指定以外はロング＆ショートS
糸番号を＋でつないだものは、
糸を同時に通し、混色させます。

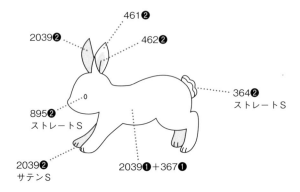

461❷

2039❷

462❷

364❷
ストレートS

895❷
ストレートS

2039❷
サテンS

2039❶＋367❶

夏の森と白い鳥

Photo > p15

指定以外はロング＆ショートS

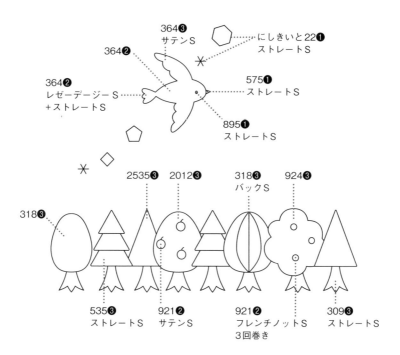

364❸
サテンS

にしきいと22❶
ストレートS

364❷

364❷
レゼーデージーS
＋ストレートS

575❶
ストレートS

895❶
ストレートS

2535❸　　2012❸

318❸
バックS

924❸

318❸

535❸
ストレートS

921❷
サテンS

921❷
フレンチノットS
3回巻き

309❸
ストレートS

白い花のミニバッグ

Photo > p16

指定以外はアウトラインＳ
その他の材料・作り方 > p87

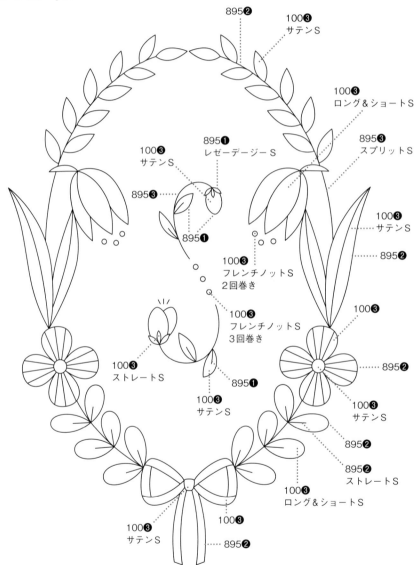

895❷

100❸
サテンＳ

100❸
ロング＆ショートＳ

100❸
サテンＳ

895❶
レゼーデージーＳ

895❸
スプリットＳ

895❸

100❸
サテンＳ

895❷

895❶

100❸
フレンチノットＳ
2回巻き

100❸

100❸
フレンチノットＳ
3回巻き

895❷

100❸
ストレートＳ

100❸
サテンＳ

895❶

100❸
サテンＳ

895❷
ストレートＳ

895❷

100❸
ロング＆ショートＳ

100❸
サテンＳ

100❸

895❷

12

ブローチ

Photo > p17

その他の材料・作り方 > p44 参照

夏かけるうさぎ

指定以外はロング＆ショートS

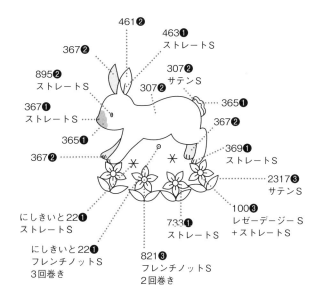

461❷

463❶
ストレートS

367❷

307❷
サテンS

895❷
ストレートS

307❷

367❶
ストレートS

365❶

367❷

365❶

369❶
ストレートS

367❷

2317❸
サテンS

100❸
レゼーデージーS
＋ストレートS

にしきいと22❶
ストレートS

733❶
ストレートS

にしきいと22❶
フレンチノットS
3回巻き

821❸
フレンチノットS
2回巻き

花アゲハ

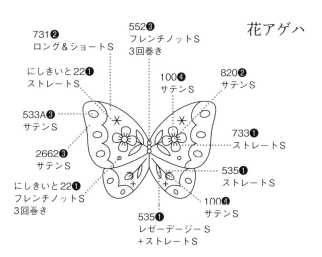

731❷
ロング＆ショートS

552❸
フレンチノットS
3回巻き

にしきいと22❶
ストレートS

100❹
サテンS

820❷
サテンS

533A❸
サテンS

733❶
ストレートS

2662❸
サテンS

535❶
ストレートS

にしきいと22❶
フレンチノットS
3回巻き

535❶
レゼーデージーS
＋ストレートS

100❹
サテンS

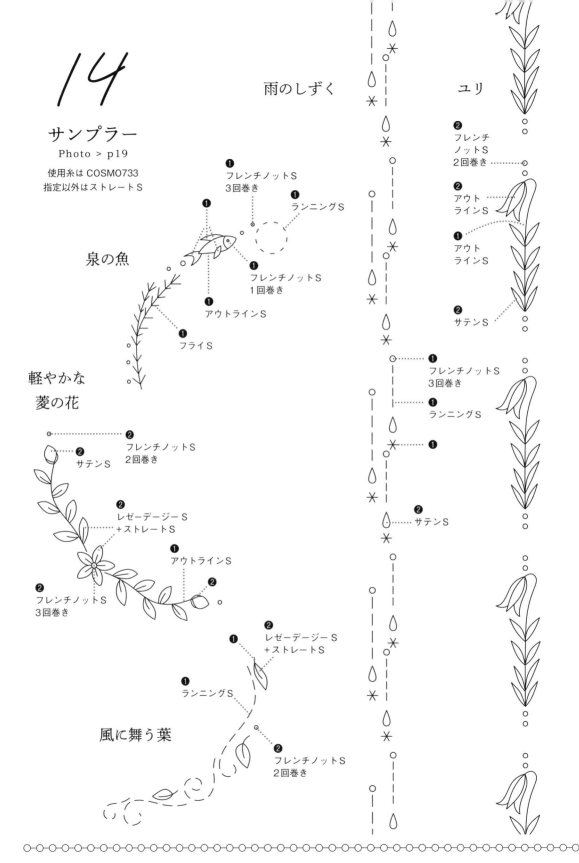

14

サンプラー

Photo > p19

使用糸は COSMO733
指定以外はストレート S

雨のしずく

ユリ

泉の魚

軽やかな
菱の花

風に舞う葉

❶ フレンチノットS
3回巻き

❶ ランニングS

❶ フレンチノットS
1回巻き

❶ アウトラインS

❶ フライS

❷ フレンチノットS
2回巻き

❷ サテンS

❷ レゼーデージー S
＋ストレート S

❶ アウトラインS

❷ フレンチノットS
3回巻き

❷ レゼーデージー S
＋ストレート S

❶ ランニングS

❷ フレンチノットS
2回巻き

❶ フレンチノットS
3回巻き

❶ ランニングS

❶

❷ サテンS

❷ フレンチ
ノットS
2回巻き

❷ アウト
ラインS

❶ アウト
ラインS

❷ サテンS

13

ユリのバレッタ

Photo > p18

その他の材料 > p48 参照

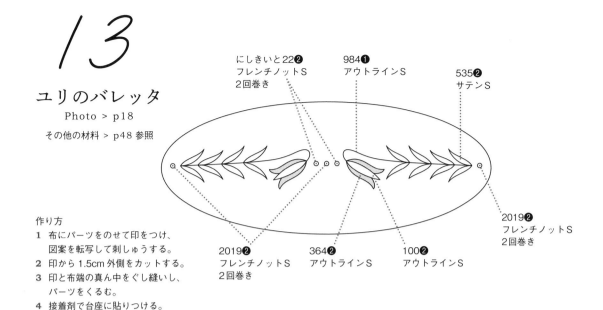

にしきいと22❷
フレンチノットS
2回巻き

984❶
アウトラインS

535❷
サテンS

2019❷
フレンチノットS
2回巻き

2019❷
フレンチノットS
2回巻き

364❷
アウトラインS

100❷
アウトラインS

作り方

1 布にパーツをのせて印をつけ、
　図案を転写して刺しゅうする。
2 印から1.5cm外側をカットする。
3 印と布端の真ん中をぐし縫いし、
　パーツをくるむ。
4 接着剤で台座に貼りつける。

15

森の夏景色

Photo > p20

指定以外はロング＆ショートS

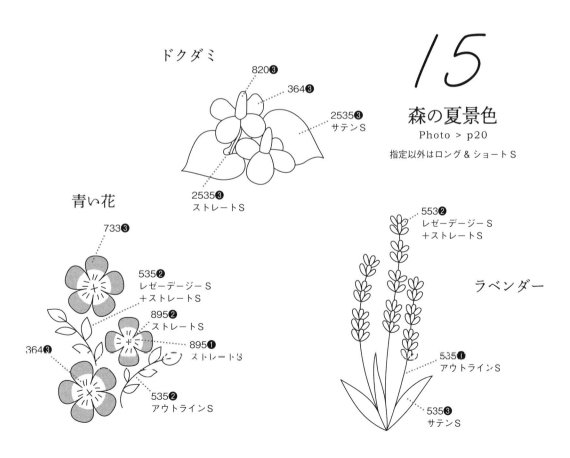

ドクダミ

820❸

364❸

2535❸
サテンS

2535❸
ストレートS

青い花

733❸

535❷
レゼーデージーS
＋ストレートS

895❷
ストレートS

895❶
ストレートS

364❸

535❷
アウトラインS

553❷
レゼーデージーS
＋ストレートS

ラベンダー

535❶
アウトラインS

535❸
サテンS

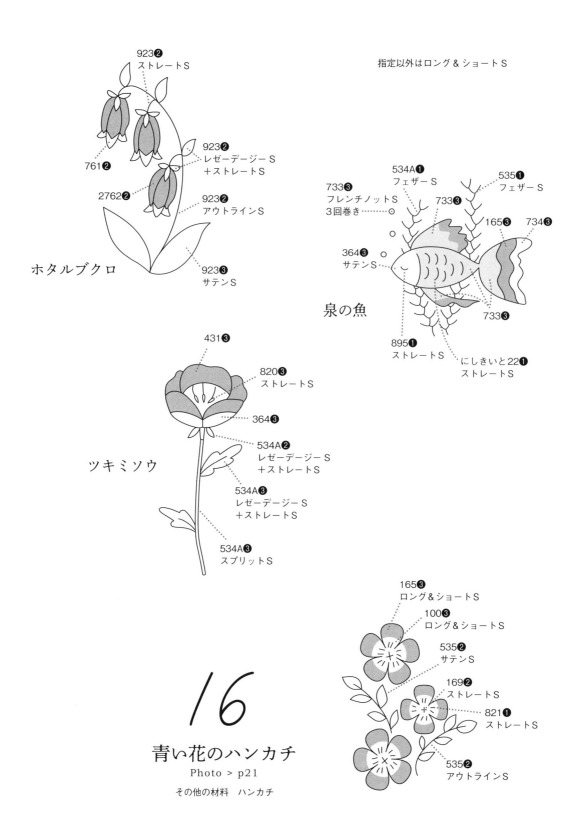

923❷
ストレートS

指定以外はロング＆ショートS

923❷
レゼーデージー S
＋ストレートS

761❷

2762❷

923❷
アウトラインS

ホタルブクロ

923❸
サテンS

534A❶
フェザー S

733❸
フレンチノットS
3回巻き

535❶
フェザー S

733❸

165❸   734❸

364❸
サテンS

泉の魚

895❶
ストレートS

733❸

にしきいと22❶
ストレートS

431❸

820❸
ストレートS

364❸

ツキミソウ

534A❷
レゼーデージー S
＋ストレートS

534A❸
レゼーデージー S
＋ストレートS

534A❸
スプリットS

165❸
ロング＆ショートS

100❸
ロング＆ショートS

535❷
サテンS

169❷
ストレートS

821❶
ストレートS

535❷
アウトラインS

16

青い花のハンカチ
Photo > p21

その他の材料　ハンカチ

17

りすと秋の実り

Photo > p22

指定以外はアウトライン S
糸番号を＋でつないだものは、
糸を同時に通し、混色させます。

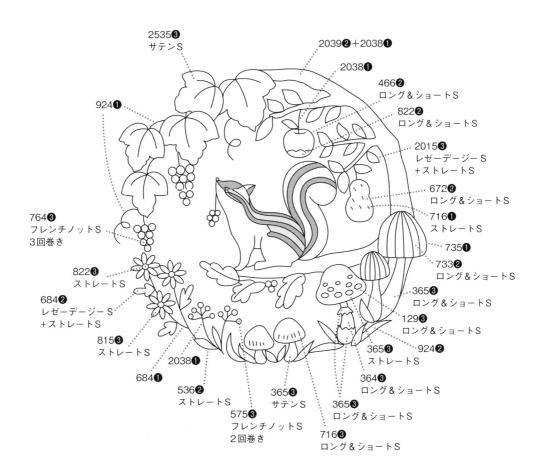

2535❸
サテン S

2039❷＋2038❶

2038❶

466❷
ロング＆ショート S

822❷
ロング＆ショート S

2015❸
レゼーデージー S
＋ストレート S

672❷
ロング＆ショート S

716❶
ストレート S

735❶

733❷
ロング＆ショート S

365❷
ロング＆ショート S

129❸
ロング＆ショート S

924❷

365❸
ストレート S

364❸
ロング＆ショート S

365❸
ロング＆ショート S

716❸
ロング＆ショート S

365❸
サテン S

575❸
フレンチノット S
2回巻き

536❷
ストレート S

2038❶

684❶

815❸
ストレート S

684❷
レゼーデージー S
＋ストレート S

822❸
ストレート S

764❸
フレンチノット S
3回巻き

924❶

りすと秋の実り（りすのステッチ）

指定以外はアウトライン S

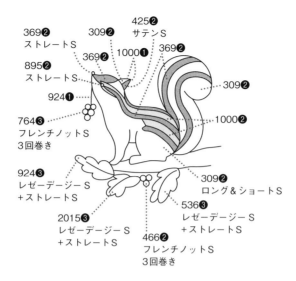

369❷
ストレート S

309❷

425❷
サテン S

369❷
1000❶

369❷

895❷
ストレート S

309❷

924❶

1000❷

764❸
フレンチノット S
3回巻き

309❷
ロング＆ショート S

924❸
レゼーデージー S
＋ストレート S

309❸

2015❸
レゼーデージー S
＋ストレート S

466❷
フレンチノット S
3回巻き

536❸
レゼーデージー S
＋ストレート S

18

秋の森と白い鳥

Photo > p23

指定以外はロング＆ショート S

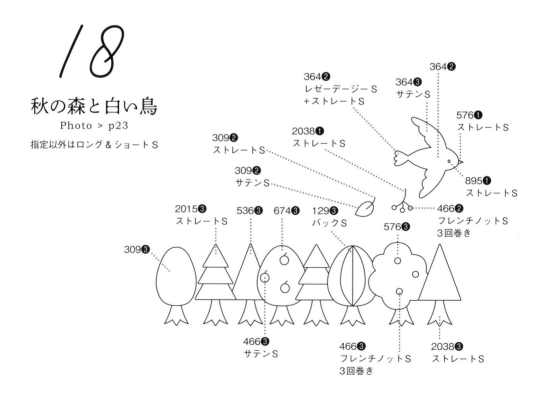

364❷
レゼーデージー S
＋ストレート S

364❸
サテン S

364❷

576❶
ストレート S

309❷
ストレート S

2038❶
ストレート S

895❶
ストレート S

309❷
サテン S

466❷
フレンチノット S
3回巻き

2015❸
ストレート S

536❸

674❸

129❸
バック S

576❸

466❸
サテン S

466❸
フレンチノット S
3回巻き

2038❸
ストレート S

19

イヤリング
Photo > p24

糸番号を＋でつないだものは、
糸を同時に通し、混色させます。

その他の材料
フェルト（赤、オレンジ色、茶色、青）、p48 参照

作り方
1 刺しゅうは、p45 の手順でカット。
2 同じ形にカットした裏布の上側に切れ込みを入れ、
　接着剤でイヤリング台を固定。
3 曲げた9ピンをはさみ、裏布と刺しゅうを貼り合わせる。
4 ビーズに通したTピンの先を輪にして9ピンに下げる。

キノコ

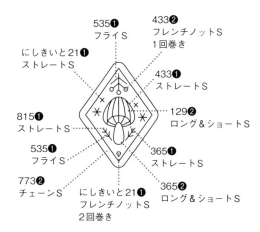

535❶
フライS

433❷
フレンチノットS
1回巻き

にしきいと21❶
ストレートS

433❶
ストレートS

815❶
ストレートS

129❷
ロング＆ショートS

535❶
フライS

365❶
ストレートS

773❷
チェーンS

にしきいと21❶
フレンチノットS
2回巻き

365❷
ロング＆ショートS

ドングリ

984❶
バックS

223❷
チェーンS

984❶
レゼーデージー S
＋ストレートS

2039❶＋367❷
ロング＆ショートS

にしきいと21❶
ストレートS

2310❷
ロング＆ショートS

にしきいと21❶
フレンチノットS
2回巻き

924❶
バックS

734❷
フレンチノットS
2回巻き

ブドウ

369❶
ストレートS

575❷
レゼーデージー S
＋ストレートS

764❹
フレンチノットS
2回巻き

にしきいと21❶
フレンチノットS
2回巻き

165❷
チェーンS

815❹
フレンチノットS
2回巻き

2015❶
レゼーデージー S
＋ストレートS

にしきいと21❶
ストレートS

2015❶
バックS

リンゴ

369❷
ストレートS

364❸
ストレートS

2535❷
レゼーデージー S
＋ストレートS

にしきいと21❶
ストレートS

466❷
ロング＆ショートS

983❷
チェーンS

にしきいと21❶
フレンチノットS
2回巻き

2535❶
フライS

822❷
ロング＆ショートS

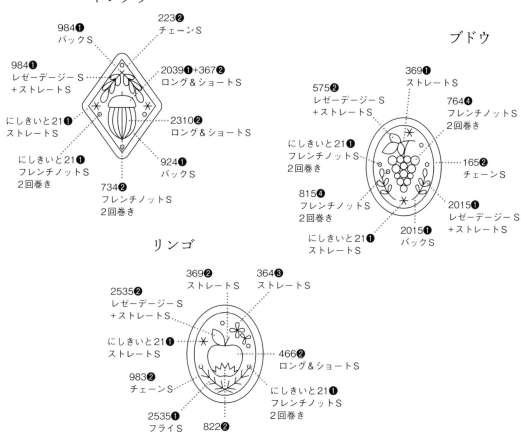

20

ブローチ

Photo > p25

糸番号を＋でつないだものは、
糸を同時に通し、混色させます。
その他の材料・作り方 > p44 参照

キノコ

指定以外は
ロング＆ショートS

858❷

711❹
ストレートS

466❷

464❷

128❷

711❶
アウトラインS

711❷

364❷
サテンS

りす

指定以外は
アウトラインS

895❷
ストレートS

575❷

383❷
サテンS

305❶

369❷

2038❷
スプリットS

575❷

536❸
サテンS

305❷

2015❸
サテンS

536❸
サテンS

2038❷+2039❶
ロング＆ショートS

2015❸
サテンS

305❶
ストレートS

466❸
フレンチノットS
3回巻き

575❷
ロング＆ショートS

674❸
サテンS

小鹿

指定以外
ロング＆ショートS

433❷
レゼーデージーS
＋ストレートS

2307❷

425❷

309❷

364❶
ストレートS

773❷
サテンS

895❷
ストレートS

815❶
ストレートS

306❷

2535❶
フライS

364❷
ストレートS

895❷
サテンS

307❷

364❷

2535❷
スプリットS

307❷

366❷
サテンS

2307❷

2307❷
サテンS

309❶
ストレートS

21

コスモスのブレスレット

Photo > p26

その他の材料
ピコットサテンリボン1600K　幅1.5cm × 17cm

815❷
レゼーデージーS

576❷
ストレートS

706❷
フレンチノットS
2回巻き

984❶
フライS

984❶
アウトラインS

作り方
1　刺しゅう枠にリボンをはさみ、刺しゅうする。
2　裏から筆ペンタイプのほつれ止めを
　　軽く塗って補強する。
3　リボンの左右の端を折り返し、
　　ヒモ留めではさみ、アジャスターをセット。
4　Tピンでビーズを留める。

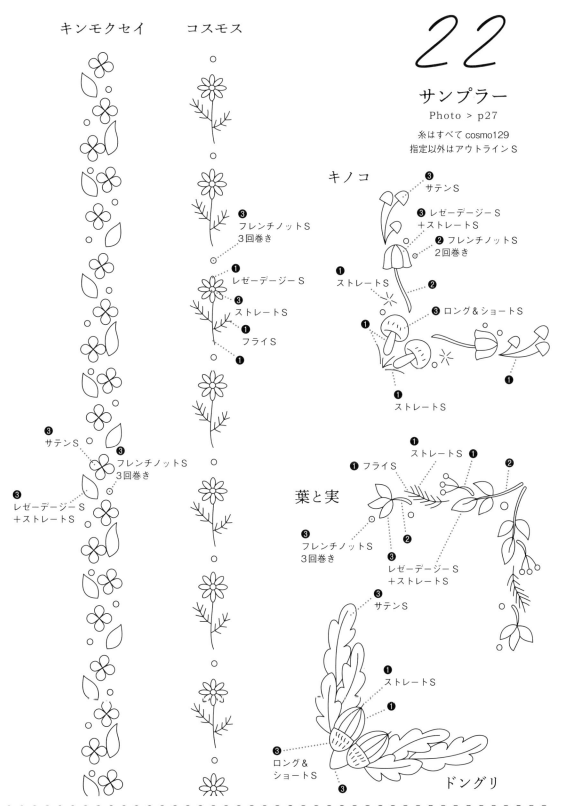

キンモクセイ　　　　コスモス

22

サンプラー

Photo > p27

糸はすべて cosmo129
指定以外はアウトラインS

キノコ

❸ サテンS

❸ レゼーデージーS
　＋ストレートS

❷ フレンチノットS
　2回巻き

❶ ストレートS

❷

❸ ロング＆ショートS

❶ ストレートS

❸ フレンチノットS
　3回巻き

❶ レゼーデージーS

❸ ストレートS

❶ フライS

❶ ストレートS ❶

❶ フライS

❷

葉と実

❸ フレンチノットS
　3回巻き

❷

❸ レゼーデージーS
　＋ストレートS

❸ サテンS

❸ サテンS

❸ フレンチノットS
　3回巻き

❸ レゼーデージーS
　＋ストレートS

❶ ストレートS

❶

❸ ロング＆
　ショートS

❸

ドングリ

23

秋の野原
Photo > p28

ノバラの実

465❹
サテンS

369❶
ストレートS

369❶
アウトラインS

369❷
アウトラインS

364❸
サテンS

822❸
フレンチノットS
3回巻き

822❶
フレンチノットS
1回巻き

822❶
ストレートS

924❸ スプリットS

924❸
サテンS

924❸
サテンS

シュウメイギク

2020❷
バックS

982❸
アウトラインS

青いキノコ

364❶
ストレートS

982❹
アウトラインS

364❶
ストレートS

575❸ サテンS

924❸ サテンS

536❸ サテンS

369❸
スプリットS

リンゴ

465❸
ロング＆ショートS

2129❸
ロング＆ショートS

822❸
ロング＆ショートS

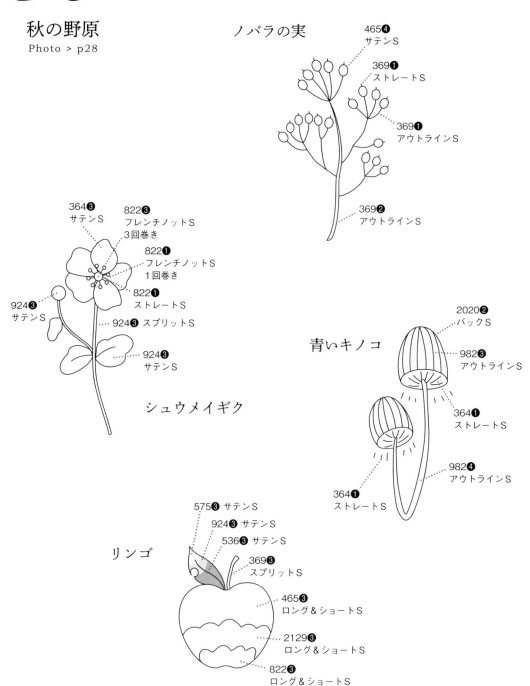

落ち葉

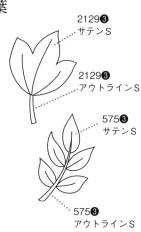

2129❸
サテンS

2129❸
アウトラインS

575❸
サテンS

575❸
アウトラインS

オミナエシ

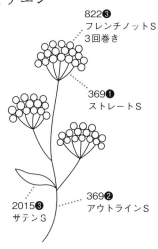

822❸
フレンチノットS
3回巻き

369❶
ストレートS

369❷
アウトラインS

2015❸
サテンS

24

リンゴのハンカチ

Photo > p29

指定以外はロング＆ショートS
その他の材料　ハンカチ

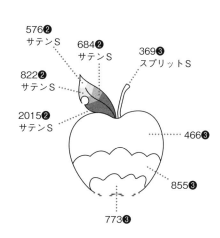

576❷
サテンS

684❷
サテンS

369❸
スプリットS

822❷
サテンS

2015❷
サテンS

466❸

855❸

773❸

25

オーロラときつね
Photo > p30

指定以外は
ロング＆ショートS
糸番号を＋でつないだものは、
糸を同時に通し、混色させます。

その他の材料　フェルト（白）
作り方は、このページ右下に

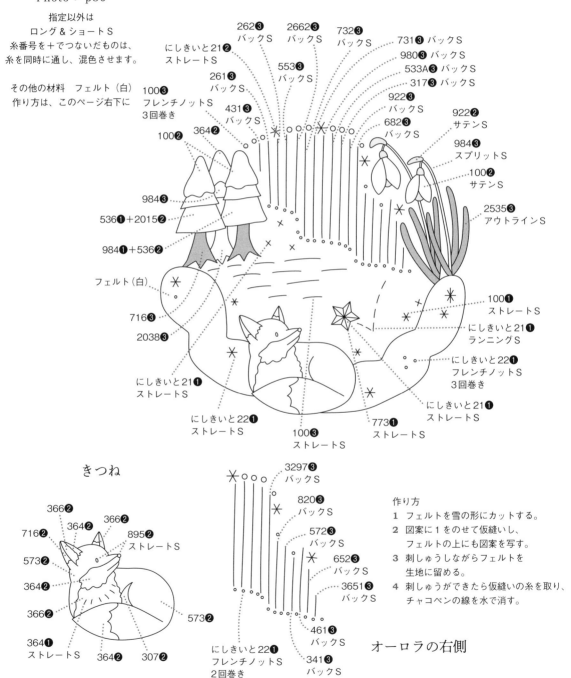

262❸ バックS
2662❸ バックS
732❸ バックS
731❸ バックS
980❸ バックS
533A❸ バックS
317❸ バックS
922❸ バックS
682❸ バックS
922❷ サテンS
984❸ スプリットS
100❷ サテンS
2535❸ アウトラインS

にしきいと21❷ ストレートS
261❶ バックS
553❸ バックS
431❸ バックS
100❸ フレンチノットS 3回巻き
100❷
364❷
984❸
536❶＋2015❷
984❶＋536❷
フェルト（白）
716❸
2038❸
にしきいと21❶ ストレートS
にしきいと22❶ ストレートS
100❸ ストレートS
773❶ ストレートS
にしきいと21❶ ストレートS
にしきいと22❶ フレンチノットS 3回巻き
にしきいと21❶ ランニングS
100❶ ストレートS

きつね

366❷
364❷
366❷
716❷
895❷ ストレートS
573❷
364❷
366❷
573❷
364❶ ストレートS
364❷
307❷

3297❸ バックS
820❸ バックS
572❸ バックS
652❸ バックS
3651❸ バックS
461❸ バックS
341❸ バックS
にしきいと22❶ フレンチノットS 2回巻き

オーロラの右側

作り方
1 フェルトを雪の形にカットする。
2 図案に1をのせて仮縫いし、
　フェルトの上にも図案を写す。
3 刺しゅうしながらフェルトを
　生地に留める。
4 刺しゅうができたら仮縫いの糸を取り、
　チャコペンの線を水で消す。

26

冬の森と白い鳥

Photo > p31

指定以外はストレート S

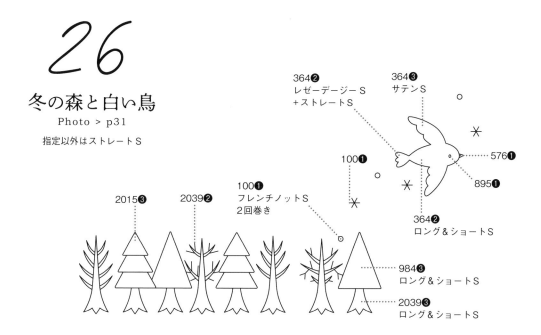

364❷
レゼーデージー S
＋ストレート S

364❸
サテン S

100❶

100❶
フレンチノット S
2回巻き

2015❸

2039❷

576❶

895❶

364❷
ロング＆ショート S

984❸
ロング＆ショート S

2039❸
ロング＆ショート S

29

手かがみ

Photo > p34

その他の材料 > p48 参照

作り方
1 布にパーツをのせて印をつけ、
　図案を転写して刺しゅうする。
2 パーツの印から 1.5cm 外側をカット。
3 印と布端の真ん中をぐし縫いし、
　パーツをくるむ。
4 接着剤で台座に貼りつける。

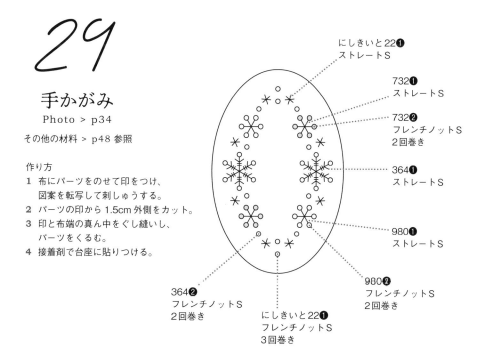

にしきいと22❶
ストレート S

732❶
ストレート S

732❷
フレンチノット S
2回巻き

364❶
ストレート S

980❶
ストレート S

364❷
フレンチノット S
2回巻き

にしきいと22❶
フレンチノット S
3回巻き

980❷
フレンチノット S
2回巻き

27

マフラー

Photo > p32

その他の材料
マフラー
フェルト（ピンク、白、緑2色）

作り方
1 フェルトを花びら、葉の形にカットする。
2 マフラーに写した図案に、
　1をのせて仮縫いする。
3 刺しゅうしながらフェルトを
　マフラーに留める。
4 刺しゅうができたら仮縫いの糸を取り、
　チャコペンの線を水で消す。

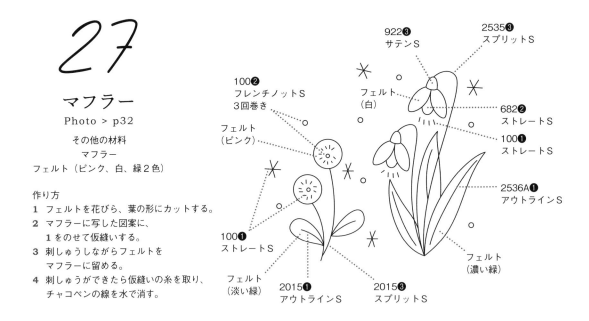

922❸
サテンS

2535❸
スプリットS

100❷
フレンチノットS
3回巻き

フェルト
（白）

フェルト
（ピンク）

682❷
ストレートS

100❶
ストレートS

2536A❶
アウトラインS

100❶
ストレートS

フェルト
（淡い緑）

2015❶
アウトラインS

2015❸
スプリットS

フェルト
（濃い緑）

28

ブローチ

Photo > p33

指定以外はロング＆ショートS
糸番号を＋でつないだものは、
糸を同時に通し、混色させます。
その他の材料・作り方 > p44 参照

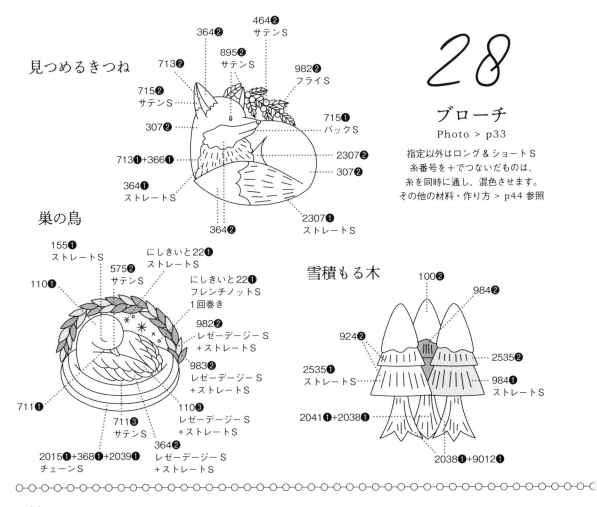

見つめるきつね

464❷
サテンS

364❷

895❷
サテンS

982❷
フライS

713❷

715❷
サテンS

715❶
バックS

307❷

23307❷

713❶+366❶

307❷

364❶
ストレートS

364❷
ストレートS

2307❶
ストレートS

巣の鳥

155❶
ストレートS

にしきいと22❶
ストレートS

575❷
サテンS

110❶

にしきいと22❶
フレンチノットS
1回巻き

982❷
レゼーデージーS
＋ストレートS

983❷
レゼーデージーS
＋ストレートS

110❸
レゼーデージーS
＋ストレートS

711❶

711❸
サテンS

364❷
レゼーデージーS
＋ストレートS

2015❶+368❶+2039❶
チェーンS

雪積もる木

100❷

984❷

924❷

2535❷

2535❶
ストレートS

984❶
ストレートS

2041❶+2038❶

2038❶+9012❶

80

30

サンプラー

Photo > p35

使用糸は COSMO2020
指定以外はストレートS

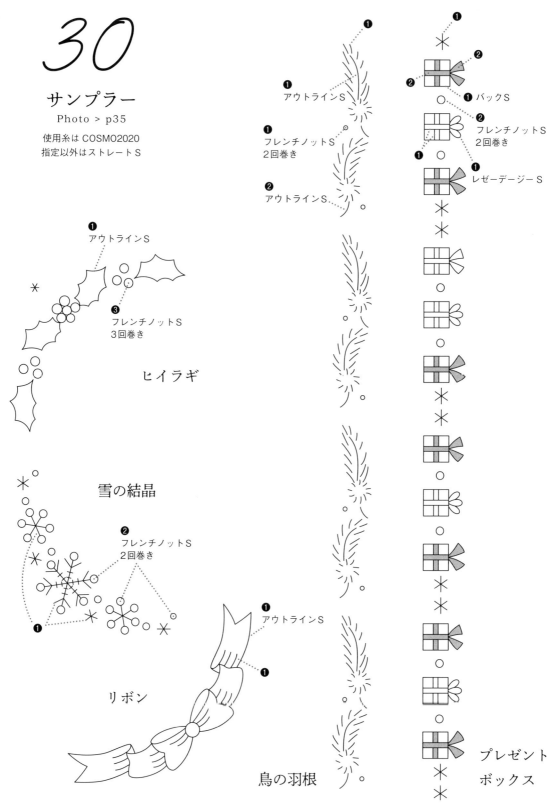

❶ アウトラインS

❶ アウトラインS

❶ フレンチノットS
2回巻き

❷ アウトラインS

❶ アウトラインS

❸ フレンチノットS
3回巻き

ヒイラギ

雪の結晶

❷ フレンチノットS
2回巻き

❶ アウトラインS

リボン

鳥の羽根

❷
❷ バックS

❷ フレンチノットS
2回巻き

❶ レゼーデージーS

プレゼント
ボックス

31

森のクリスマス
Photo > p36

指定以外はフレンチノットS

星

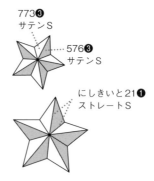

773❸
サテンS

576❸
サテンS

にしきいと21❶
ストレートS

2012❸
サテンS

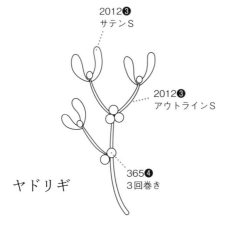

2012❸
アウトラインS

ヤドリギ

365❹
3回巻き

ツリー

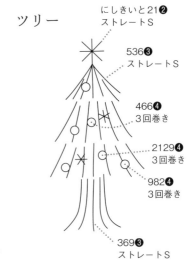

にしきいと21❷
ストレートS

536❸
ストレートS

466❹
3回巻き

2129❹
3回巻き

982❹
3回巻き

369❸
ストレートS

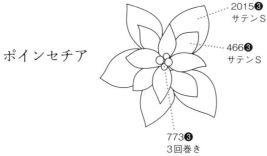

2015❸
サテンS

466❸
サテンS

ポインセチア

773❸
3回巻き

オーナメント

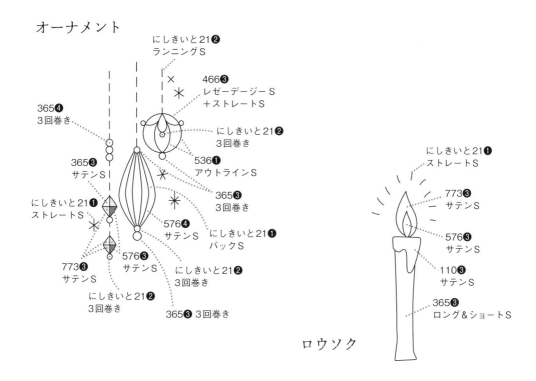

にしきいと21❷
ランニングS

466❸
レゼーデージーS
＋ストレートS

365❹
3回巻き

にしきいと21❷
3回巻き

365❸
サテンS

536❶
アウトラインS

365❸
3回巻き

にしきいと21❶
ストレートS

576❹
サテンS

にしきいと21❶
バックS

773❸
サテンS

576❸
サテンS

にしきいと21❷
3回巻き

にしきいと21❷
3回巻き

365❸ 3回巻き

にしきいと21❶
ストレートS

773❸
サテンS

576❸
サテンS

110❸
サテンS

365❸
ロング＆ショートS

ロウソク

32

星のハンカチ

Photo > p37

その他の材料　ハンカチ

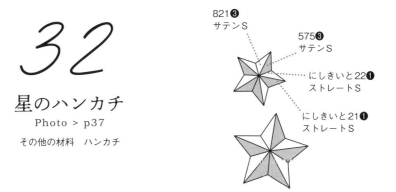

821❸
サテンS

575❸
サテンS

にしきいと22❶
ストレートS

にしきいと21❶
ストレートS

物語のはじめに
Photo > p3

653❸
レゼーデージー S
+ストレート S

364❸
サテン S

365❸
レゼーデージー S
+ストレート S

773❷
ストレート S

535❷
サテン S

895❷
ストレート S

364❷
ロング＆ショート S

535❶
アウトライン S

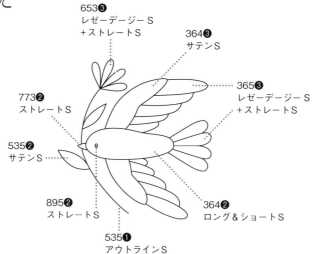

物語のおわりに
Photo > p39

365❸
レゼーデージー S
+ストレート S

364❸
サテン S

895❶
ストレート S

575❷
ストレート S

364❸
サテン S

364❷
ロング＆ショート S

466❷
アウトライン S

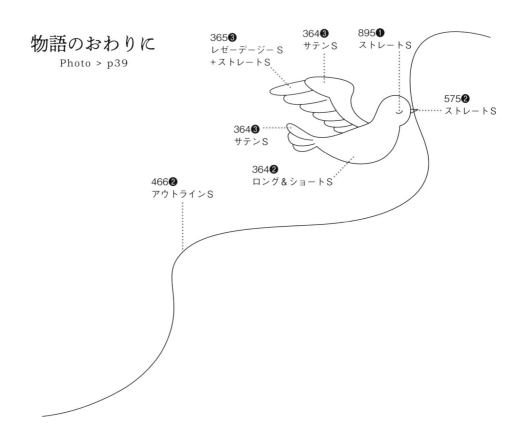

つけ襟の型紙

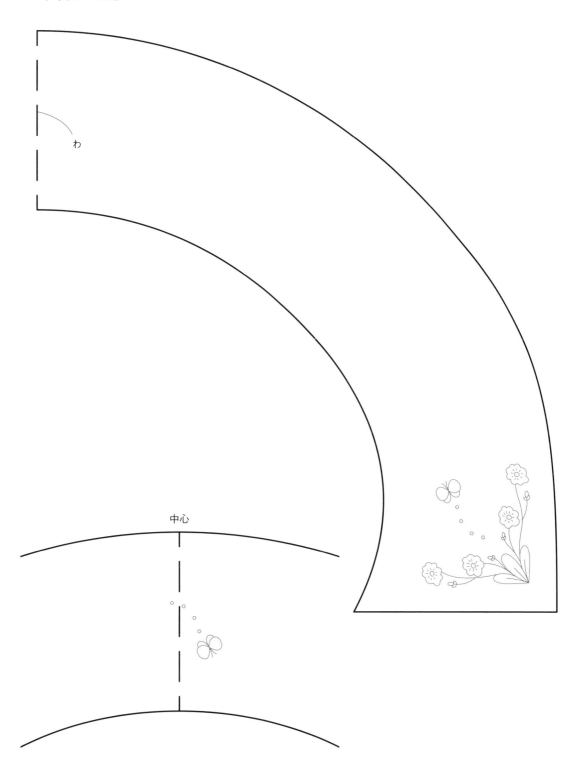

わ

中心

花と蝶のつけ襟

Photo > p10
実物大図案 > p61
型紙 > p85

〈材料〉
●糸／COSMO
　982、261、552、535、534A
　820
●その他
　布 45 × 45cm
　接着芯 45 × 25cm
　スプリングホック（#0　1組）

〈作り方のポイント〉
接着芯を貼ってから刺しゅうする
襟を縫ったあと、アイロンをかけて縫い
代を割ると、きれいな形の襟に仕上がる

1
接着芯を型紙どおりに切り、
布裏にアイロンで貼る
表に返し、接着芯を貼った部分に
チャコペンで印をつけ、刺しゅうする
布の中央に向かって襟先を置くと、
布にむだを作らず、刺しゅう枠を
セットできる

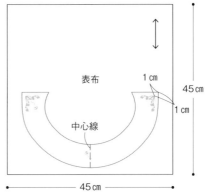

蝶は襟の左手と中心に配置

2
刺しゅうした面を中表にして、
布を半分に折る

3
返し口を残し、
ぐるりと接着芯の外側を縫ったあと、
縫い代をつけて裁つ
襟の角は縫い代を斜めにカットする

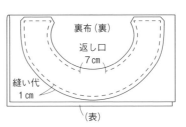

4
アイロンをかけて縫い代を割る
表に返して返し口をまつり、
スプリングホックを縫いつける

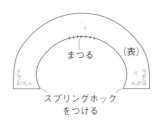

白い花のミニバッグ

Photo > p16
実物大図案 > p66

〈材料〉
● 糸／COSMO
　895、100
● その他
　表布 45 × 65cm
　内布 30 × 50cm
　接着芯 15 × 20cm

〈作り方のポイント〉
表布（前側）の裏に接着芯を貼ってから刺繍する

※できあがりサイズ：袋 22 × 18cm、
持ち手の長さ 15.5cm

1
縫い代をつけて、
前側と後側に裁つ
前側の表布には裏に
接着芯を貼る
表に図案を転写してから
刺しゅうする

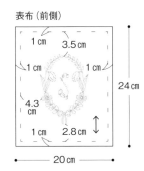

表布（前側）

1cm　3.5cm
1cm　　　1cm
4.3cm
1cm　2.8cm
24cm
20cm

2
持ち手の布を四つ折りにして縫い、2本作る

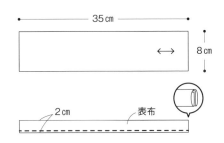

35cm
8cm
2cm
表布

3
表布（前側、後ろ側ともに）に
持ち手を仮どめする

2.5cm　　　2.5cm
できあがり線
表布（表）

4
3の表布と内布を
中表に合わせる
図の上部を縫い合わせる
これを2組作る

縫う
表布（裏）
内布（表）
できあがり線

5
縫い合わせた**4**を
2組とも開く
開いた2組を中表に
合わせ、返し口を残し
周囲を縫い合わせる

表布（裏）
縫い代を割る
内布（裏）
返し口
7cm
表布（表）
内布（表）
入れ口を合わせる
返し縫いをする

6
返し口から表に返す
内布を表にした状態で
返し口をとじる
さらに布表が表になる
ように返して完成

内布
返し口をとじる

コハナ

刺繍作家。刺繍ブランド『itonomori』として活動。手芸誌への作品提供、ハンドメイドサイトや各地ギャラリー、イベントでの刺繍作品販売、カルチャースクールでの指導など、幅広く活動中。使う人の大切な毎日に、小さな幸せを届けることを目指している。淡く、優しい色使いと、小さなブローチにも物語のある「絵本のような刺繍」がインスタグラム、ツイッターでも人気を呼んでいる。

インスタグラム　https://www.instagram.com/itonomori_
ツイッター　https://twitter.com/KohanaMade
ミンネ　https://minne.com/@kohanamade

撮影協力
AWABEES、TITLES、UTUWA
http://www.awabees.com

森の物語で紡ぐ刺しゅうのアクセサリーと小物

2021年9月25日初版発行

著　者　　コハナ
発行者　　青柳 昌行
発　行　　株式会社KADOKAWA
　　　　　〒102-8177 東京都千代田区富士見2-13-3
　　　　　TEL 0570・002・301（ナビダイヤル）
印刷所　　凸版印刷株式会社